formes

KT-368-267

Títol original: *Shapes*
© del text i les il·lustracions: John J. Reiss, 1974
Publicat amb l'acord de Simon & Schuster Books For
Young Readers, un segell de Simon & Schuster Children's
Publishing Division, 1230 Avenue of the Americas, New York,
NY 10020
© de la traducció: Isabel Obiols, 2016
© de l'edició: Blackie Books S.L.U.
Carrer Església, 4-10
08024 Barcelona
www.blackiebooks.org
info@blackiebooks.org

Maquetació: Setanta
Imprès a la Xina
Primera edició: maig de 2016
ISBN: 978-84-16290-24-6
Dipòsit legal: B 9947-2015

Tots els drets estan reservats. Queda prohibida la
reproducció total o parcial d'aquest llibre per qualsevol mitjà
o procediment, compresos la reprografia i el tractament
informàtic, la fotocòpia o la gravació sense el permís dels
titulars del copyright.

Per al Jimmy Dinsch, l'Adam Spangler
i la Maria Esther Herrera

formes

John J. Reiss

Edició bilingüe català / anglès

✴ BLACKIE LITTLE BOOKS ✴

quadrats
squares

galetes
biscuits

tauler d'escacs checkerboard

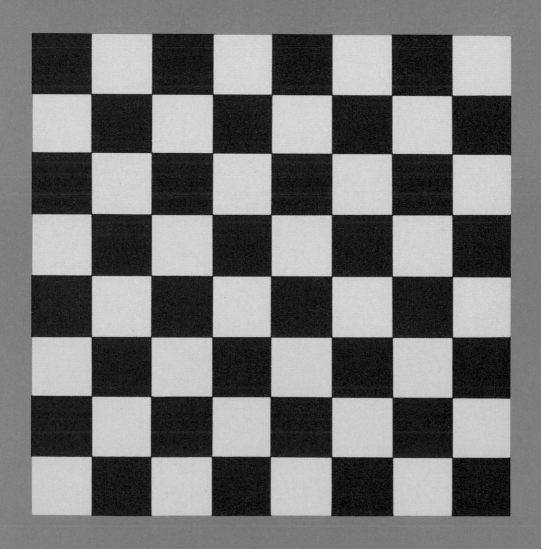

banderes flags

finestra
window

els quadrats formen cubs
squares make cubes

triangles

triangles

veles
sails

puntes de fletxa
arrowheads

cims de muntanyes
mountain tops

tendes de
campanya
tents

els triangles formen piràmides
triangles make pyramids

cercles
circles

botons
buttons

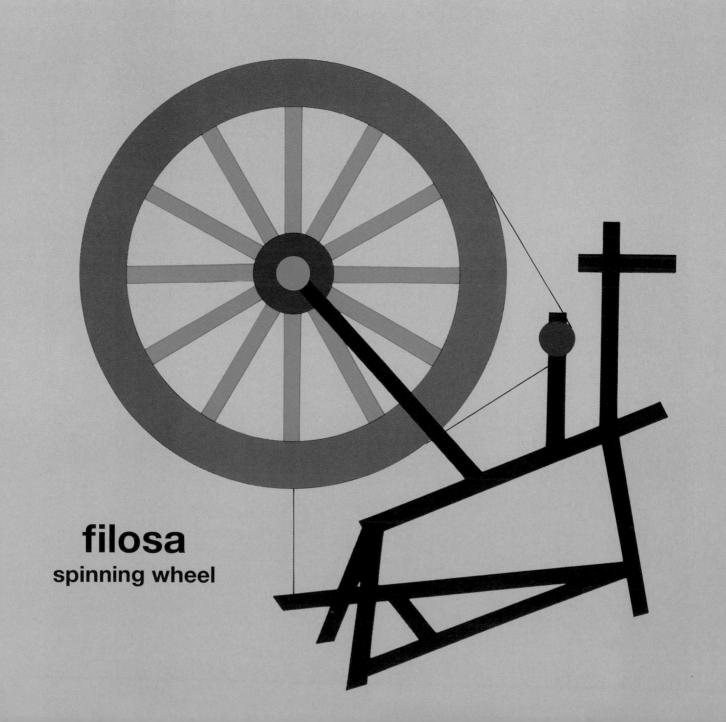

filosa
spinning wheel

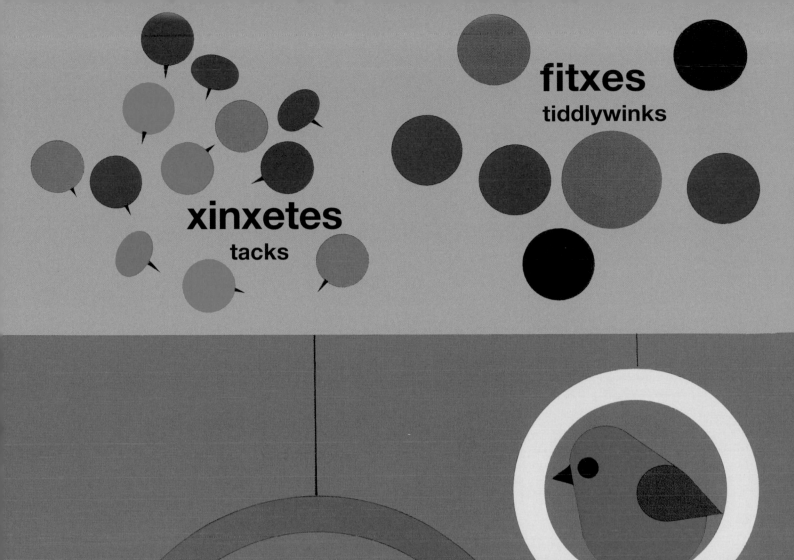

xinxetes
tacks

fitxes
tiddlywinks

**gronxadors
per a ocells**
bird swings

els cercles formen esferes
circles make spheres

rectangles

rectangles

xiclets
sticks of gum

portes doors

maons bricks

**llistons
de fusta**
wooden planks

ovals

ovals

notes musicals
musical notes

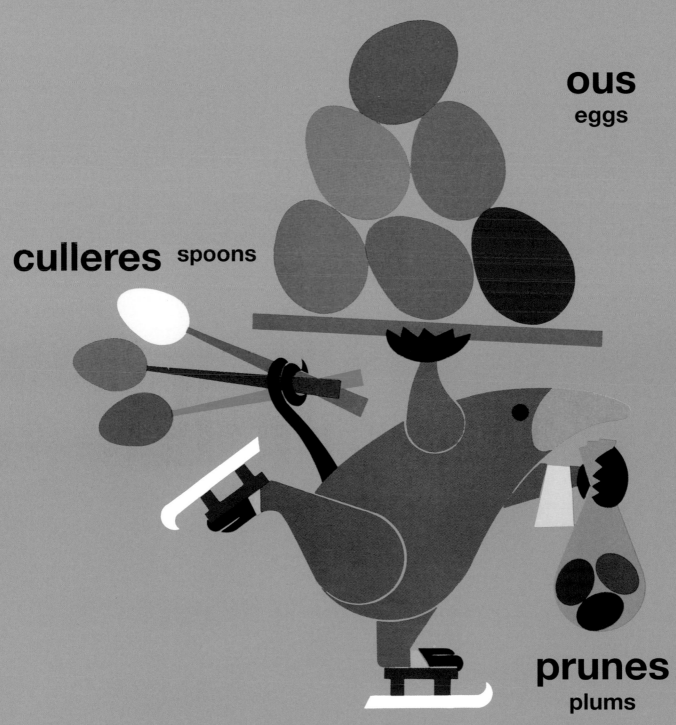

ous
eggs

culleres spoons

prunes
plums

més formes
more shapes

pentàgons
pentagons

hexàgons
hexagons

octàgons
octagons

formes per tot arreu

shapes all around